26884

LE VIEIL AIX

ALBUM DE GRAVURES

Représentant les Monuments, Objets d'art et Curiosités qui existaient

autrefois dans Aix

ainsi que diverses coutumes locales aujourd'hui abandonnées

Publié avec le concours de plusieurs Collaborateurs

Par A. M. de La Tour - Keyrié

Auteur de

La Promenade d'un Étranger à Aix, — Les Curiosités particulières, — Les Excursions aux environs d'Aix, etc, etc.

PRIX DE LA LIVRAISON : 1 FRANC

AIX

ACHILLE MAKAIRE, IMPRIMEUR-ÉDITEUR

1896

CONDITIONS DE LA SOUSCRIPTION

L'Ouvrage se composera de 25 à 3o livraisons, composées chacune d'une gravure et d'une feuille de texte, qui paraîtront à des époques qu'on ne peut fixer par avance, mais elles seront remises au domicile des souscripteurs à mesure de leur mise en vente. Les livraisons ne se vendent pas séparément. On indiquera à la fin de l'Ouvrage l'ordre dans lequel elles devront être placées.

Prix de la Livraison : UN FRANC

On souscrit à la Librairie MAKAIRE, rue Thiers, 2. Aix.

LE VIEIL AIX

L'ancienne Église de Notre-Dame de la Seds

Au premier coup d'œil jeté sur notre gravure, il est facile de comprendre que nous sommes en pleine campagne. On ne se douterait guère que ce fut une partie importante de la cité aixoise, dite la « ville des Tours ». En venant du midi de la « ville comtale », on suivait la *carriero* montante de l'*escala de podis*, aboutissant à la place des Juifs, près la porte aurélienne ; et une rue prise à gauche conduisait à l'entrée de la cathédrale. — Car c'est là que fut le siège de nos évêques jusqu'à la fin du XIᵉ siècle.

L'église de Notre-Dame de la Seds *(Dom nostra de seds epicopali)* fut, en effet, la première qui s'éleva dans Aix. Plusieurs fois détruite, toujours rebâtie, elle vit s'accomplir sous ses voûtes bon nombre des grands faits de notre histoire religieuse, qu'il n'entre pas dans notre cadre de retracer ici.

Ruinée avec la ville entière par les sarrasins en 738, l'église, en se redressant ensuite sur ses décombres, put constater qu'elle régnerait bientôt sur un désert. Les habitants s'en allaient bâtir ailleurs ; puis une cathédrale nouvelle se cons-

truisait plus loin ; et les successeurs de Sᵗ Maximin, restés encore les fidèles voisins de leur premier sanctuaire, devaient bien finir par suivre le courant, abandonnant leur palais des Tours, vers 1350, pour aller se fixer à côté de Saint-Sauveur.

Depuis qu'elle avait cessé d'être cathédrale, la Seds était administrée par un chapelain ou vicaire perpétuel. Après le départ de l'Archevêque, son importance ne pouvait que diminuer de jour en jour. Le XIVᵉ siècle n'était pas achevé qu'elle perdait l'antique et vénérée Madone transférée à Saint-Sauveur ; et au commencement du XVᵉ siècle, ses murs eux-mêmes s'écroulaient.

Un siècle avait passé sur ces ruines, quand, en 1521, la peste ravageant la cité, un bruit se répandit tout à coup dans Aix : des flammes apparaissent sur le vieux sol de la Seds ! Aussitôt un cri s'échappe de toutes les poitrines ; le peuple fait vœu de rebâtir la maison de la Vierge du siège ; et la peste cessa immédiatement. — Il restait encore debout le chevet gothique de la dernière église,

LE VIEIL AIX. — 1.

On le débarrasse des décombres qui l'emplissent ; on y ajoute une chapelle : la Mádone reprend sa place ; et le peuple renoue la chaîne interrompue de la vieille dévotion des Aqui-Sextains.

Une trentaine d'années plus tard, les PP. Minimes sont installés à la Seds et en agrandissent l'église, véritable reconstruction qui, à l'antique abside, ajouta une nef terminée par une belle façade renaissance ; c'est ce que représente notre gravure.

Ceux qui connaissent la disposition actuelle des lieux, peuvent facilement se rendre compte de ce qu'ils étaient alors, le plan général n'ayant guère varié. A côté de l'église, vous voyez la porte du couvent et celle du cimetière des Minimes. Trois niches, garnies de leurs statues, décorent la façade, aux quatre pilastres grecs ; trois fenêtres occupent la partie supérieure que couronne un fronton dans le goût du temps. Une seule grande porte donne entrée dans l'église. Elle est surmontée de ce distique :

Ni caveas crimen, caveas contingere limen
Nam Regina poli vult sine sorde coli.

Pénétrons dans le vaisseau. Il n'a qu'une seule nef, mais conçue dans de belles proportions et flanquée de trois chapelles à droite et à gauche. Le sanctuaire n'est autre que l'abside gothique, que le temps avait respectée et que l'on a eu l'intelligence de ne point détruire. Sur sa voûte semée d'étoiles d'or, on peint huit anges portant des phylactères, sur lesquels se lisent les huit mots du vers célèbre :

Tot tibi sunt virgo dotes quot sidera cœlo.

Le goût de l'époque y ajoute seulement un pendentif ; et érige, dans ce cadre d'un autre âge, un autel à colonnes aux feuillages ajourés, avec deux anges, au milieu de l'entablement, tenant un cartouche qui notifie en lettres d'or cette dédicace : *Virgini purissimæ*. Une image de la Ste Vierge, copie de celle de St Luc, domine cet autel, mais ce n'est pas l'*antique Madone* de la Seds.

Celle-ci est placée du côté de l'Evangile dans une niche creusée dans le mur et fermée d'une grille ouvragée, telle que nous la représente une gravure conservée dans la sacristie de la Seds.

Une autre niche, faisant le pendant de celle-là, gardait la statue de St François de Paule. Ajoutons que parmi les œuvres d'art que contenait cette église, il faut citer, d'après Haitze, un beau tableau de St Louis et une châsse d'ébène, aux faces de cristal, qui contenait les reliques de St Théophile, martyr.

Pour compléter à peu près cette esquisse, il nous faut dire que la Révolution, ayant renversé cette église, les Religieuses du Saint-Sacrement, qui ont succédé aux Minimes, en ont construit une nouvelle en conservant le même sanctuaire absidal, encore une fois sauvé de la ruine. En 1855, une complète restauration en a fait l'église romano-byzantine actuelle. Le peuple y afflue plus que jamais ; et chacun éprouve ce que disait de Haitze de l'église des Minimes, en son *Histoire d'Aix* : « Ce qui fait davantage remarquer cette église, c'est sa propreté qui inspire une secrète dévotion à ceux qui y entrent, surtout quand on se remet dans l'idée qu'on marche sur un terrain sanctifié par les larmes et par les vœux des premiers fidèles de notre ville. »

LE VIEIL AIX

L'ANCIENNE ÉGLISE DE NOTRE-DAME DE LA SEDS

LE VIEIL AIX

ALBUM DE GRAVURES

Représentant les Monuments, Objets d'art et Curiosités qui existaient

autrefois dans Aix

ainsi que diverses coutumes locales aujourd'hui abandonnées

Publié avec le concours de plusieurs Collaborateurs

Par A. M. de La TOUR-KEYRIÉ

Auteur de

La Promenade d'un Étranger à Aix, — Les Curiosités particulières, — Les Excursions aux environs d'Aix, etc, etc.

PRIX DE LA LIVRAISON : 1 FRANC

AIX

A C H I L L E   M A K A I R E ,   I M P R I M E U R - É D I T E U R

—

1896

LE VIEIL AIX

LA FONTAINE DES CHEVAUX-MARINS

Les voyageurs et les statisticiens ont toujours observé que, faisant honneur à son nom, Aix, la ville des eaux, se signalait par le nombre de ses fontaines.

En voici une qui a disparu et dont notre gravure pourra fixer le souvenir ; c'est la *Fontaine des Chevaux-Marins*.

Lorsque le Cours fut établi [1], on l'orna, en effet, de quatre fontaines.

La première, faite d'abord d'une colonne sans importance, fut transformée en 1823, quand on y dressa la statue du *Roi René*.

La seconde, que les étrangers s'étonnent de voir fumer, en hiver, parce que elle verse de l'*eau thermale* à pleins bords, est aujourd'hui telle qu'elle fut dès l'origine.

La troisième, dite des *Neufs-Canons*, a été reconstruite il y a une cinquantaine d'années ; mais on lui a gardé sa forme primitive, — abstraction faite toutefois

[1] De 1649 à 1660. V. Roux Alphéran, *Les Rues d'Aix*, II, 149.

de la borne, artistique aussi peu que possible, dont on l'a disgracieusement accostée il y a peu de temps.

Enfin la quatrième était celle dont nous voulons ici faire mémoire.

Elle était au bas du Cours, presque adossée à une balustrade de pierre qui terminait la promenade, droit au-dessus des fossés de la ville. On l'appelait les *Chevaux-Marins*. Pourquoi ? La science nous répondra que les chevaux marins, ou Hippocampes, sont des poissons de mer, gros comme le pouce et d'une longueur moyenne de vingt centimètres environ ; petits monstres, dont le haut du corps rappelle un peu le cheval et dont l'arrière train semble emprunté à la chenille. — Rien de pareil dans notre gravure. — Nos chevaux marins étaient de vrais coursiers, émergeant d'une onde nullement amère, projetant de leurs gueules entr'ouvertes une eau limpide et bienfaisante, et traînant un char où le vieux Neptune avait eu le bon goût de céder sa place à une colonne liquide retombant avec grâce dans un vaste bassin, qui s'étendait sur toute la largeur du Cours,

LE VIEIL AIX. — 2.

De Haitze prétend [1] que cette fontaine était alimentée par les écoulements des autres du même cours. Il est possible que celles-ci, en se déversant, vinssent augmenter la nappe d'eau ; mais il est évident que l'adduction des jets venait de plus haut.

Quoiqu'il en soit, il est facile de concevoir que rien n'était plus harmonieux, ni ne pouvait mieux achever cette promenade que l'on disait être, à l'époque de sa création, la plus longue de son genre, existant dans l'intérieur d'une ville.

Cet embellissement dut un jour disparaître, lorsque, en 1777, le Cours devint la principale entrée de notre cité. La porte des Augustins n'était plus jugée digne de donner accès à ceux qui nous arrivaient de la route de Marseille. Les fossés furent comblés et.... les chevaux marins disparurent ; ainsi fit-on leur centenaire, car ils comptaient un siècle d'existence.

Il est juste de le reconnaître, à cette modification Aix bénéficia d'une magnifique entrée de ville. Mais, la grande allée devenant voie charretière, les promeneurs y ont gagné beaucoup de poussière et de boue.... et nous avons perdu les grandes eaux réjouissantes et rafraîchissantes de nos Chevaux-Marins.

On a voulu nous en dédommager depuis. La belle place de la Rotonde a été dotée d'une *fontaine monumentale*. Monumentale ! Longtemps elle ne fut que monumentale. Maintenant nous avons enfin la fontaine. Qu'elle coule toujours en paix !

---

[1] *De Haitze*. Aix ancienne et moderne, *Bibl. Méjanes*, ms. x du fonds Roux Alphéran.

LE VIEIL AIX

LA FONTAINE DES CHEVAUX MARINS

LE VIEIL AIX

ÉGLISE DE L'ORATOIRE

Au nombre des monuments qui faisaient autrefois l'honneur de la ville d'Aix, il faut placer au premier rang la belle église de la maison de l'Oratoire, dont nous donnons la façade en gravure.

Fondée le 15 juillet 1600 par le P. Romillon, de sainte mémoire, dont le grand Peiresc voulut recevoir la dernière bénédiction, au lit de mort de ce vénérable religieux, la congrégation de l'Oratoire d'Aix s'établit d'abord là où s'éleva plus tard la chapelle de S. Joachim ou des FF. Pénitents-Bleus. Elle fut reconnue par le Pape qui voulut bien conférer à l'Oratoire d'Aix, par une bulle du 22 janvier 1613, les mêmes privilèges dont jouissait celui de Rome, et par l'Ordinaire, qui était alors Hurault de l'Hôpital, Ier du nom, et qui joignit à l'honneur de se déclarer fondateur de la maison, la promesse de deux cents écus de pension annuelle.

Six ans après, la maison d'Aix s'unissait à l'Oratoire de France, fondé par le cardinal de Bérulle, et ne tarda pas, à cause de sa prospérité croissante, à se trouver à l'étroit dans son premier établissement. Un local propice s'offrait en face de la chapelle de S. Joachim, dans la rue du Bon-Pasteur ; les PP. de l'Oratoire en firent l'acquisition, et c'est sur ce terrain qu'ils bâtirent leur maison et leur église.

La pose de la première pierre de celle-ci fut faite en grande solennité par le comte d'Alais, gouverneur de Provence, le 25 septembre 1638. Le duc de Créqui avait généreusement donné tout le bois nécessaire aux constructions.

Les travaux durèrent cinq ans et le 24 décembre 1643, Louis Duchaîne, évêque de Sénez, bénissait la nouvelle église en présence du comte d'Alais.

Sa consécration eut lieu dix-huit ans plus tard, le 22 février 1661, par l'évêque de Vence, Antoine Godeau, nommé administrateur de l'Archevêché par le cardinal Grimaldi, afin de le suppléer pendant son absence dans le spirituel de ses fonctions pontificales. Les reliques des saints martyrs Sixte, Argentin et Marcellin

t, avec l'authentique de la consécration, renfermé dans l'autel construit en
neur de l'Enfance de Jésus-Christ.

bel édifice religieux resta debout près d'un siècle et demi, abritant avec de
les richesses artistiques toute une génération d'hommes remarquables, parmi
lels nous ne citerons que le savant canoniste Cabassut, né à Aix, et mort dans
maison de l'Oratoire, en 1685. C'est de l'église qui nous occupe qu'est venu
Métropole le beau crucifix en ivoire, sur croix d'ébène, qu'on peut voir
re au-dessus de la boule de marbre qui forme le tabernacle de l'autel majeur.
rucifix a une histoire : c'est le P. de Roquesante, oratorien d'Aix, qui l'avait
d'un fils de Fouquet, le malheureux surintendant, également prêtre de
atoire, en reconnaissance de tout ce que M. de Roquesante père, conseiller
arlement d'Aix et membre de la chambre de justice qui jugea Fouquet, avait
pour sauver celui-ci. Le précieux objet en question avait appartenu à l'évêque
gde, frère du surintendant.

inrent les jours néfastes de la Révolution. L'Eglise fut démolie et le local,
du nationalement, fut acheté par le sieur Court, le 15 germinal an VI. Il fut
leté plus tard par M. l'abbé Beylot, vicaire général, pour y installer les Carmé-
s, dépossédées par la Révolution de leur ancien couvent, situé sur la place
geant la rue des Guerriers, la nouvelle chapelle des Carmélites avait sa porte
ève aujourd'hui la maison des PP. Oblats. A la place de l'Eglise démolie, ces
nes firent construire une vaste chapelle, mais dans un axe entièrement opposé
ilui que suivait l'église de l'Oratoire. Tandis que celle-ci avait sa façade au
li, la grande porte s'ouvrant sur la rue du Bon-Pasteur et le bas-côté de gauche
gardait encore leur nom, et qu'on nomme maintenant place Forbin, là ou
ntrée du côté de l'est, à l'intérieur du couvent, et son chevet au couchant, son
r latéral de gauche suivant la ligne de la rue du Bon-Pasteur.

Dn peut, d'ailleurs, reconstituer très aisément les proportions de l'ancienne
ise de l'Oratoire, grâce aux deux pilastres reconnaissables à leurs assises régu-
res, qui flanquent la façade donnée par notre gravure et qui subsistent encore,
du Bon-Pasteur, l'un à l'angle de la rue des Guerriers, l'autre à côté de la
rte d'entrée de la maison de la Présentation, héritière du Carmel et de
Dratoire.

C'est ainsi que par une disposition clémente de la Providence, dont n'ont pas,
las ! bénéficié tant d'autres monuments religieux de notre ville, ce vieux coin
terre aixoise est resté voué à sa consécration primitive, et que des disciples du

P. Romillon qui l'ont illustré les premiers, il a passé entre les mains des filles de
Ste Thérèse, pour échoir, enfin, à celles de la Vén. Mère Rivier, qui continuent,
sous une autre forme, le bien commencé au XVIIe siècle par leurs pieux
devanciers.

A la simple inspection du monument qui nous occupe, on reconnaîtra que la
pureté de ses lignes et la majesté de ses proportions annonçaient très bien la
distinction d'un édifice que de Haitze qualifie de belle église dans son livre des
Curiosités remarquables de la ville d'Aix, auquel nous ferons des emprunts pour la
description de l'intérieur du vaisseau.

Comme on le voit, le portail, flanqué de pilastres toscans, était percé d'une
ouverture cintrée, dominant un perron d'une dizaine de marches. Une frise finement sculptée régnait au-dessus du cintre de la porte et supportait un fronton
triangulaire, dont le cintre était décoré d'une grande tête d'ange en haut-relief. A
droite et à gauche du portail, s'élevaient, jusqu'à la moitié de la hauteur du corps
principal de la façade, les deux murs des bas-côtés correspondant à la série des
chapelles latérales de l'intérieur, l'un et l'autre éclairés par une fenêtre cintrée
donnant sur la rue du Bon-Pasteur.

Au-dessus du portail, au niveau des corniches dominant les bas-côtés, s'ouvrait
une belle niche, accostée d'un double pilastre d'ordre corinthien; elle contenait
une très grande statue de Jésus Enfant, dans l'attitude que lui consacre la tradi-
tion de l'art chrétien, quand on le représente au centre du groupe de la Sainte
Famille. Sur le socle, l'inscription en caractères très apparents : Infanti Jesu
Sacrum. « Dédié à Jésus enfant », ce qui le désigne ainsi comme le titulaire de
l'église.

Enfin dans le fronton supérieur, triangulaire comme celui du portail, on
voyait, sous un arc finement travaillé, une sculpture représentant la couronne
d'épines avec les mots : Jesus Maria, gravés au centre. C'était le chiffre de la congrégation de l'Oratoire. Une vieille pierre, reproduisant cet emblème traditionnel,
se trouve encore aujourd'hui enchâssée dans l'un des murs du cloître de la
Présentation.

Au-dessus et en arrière de la façade, on verra aussi dans notre gravure un
corps de bâtisse, ajouré de plusieurs fenêtres et surmonté d'une croix de fer. Le
similaire de cette pièce, qui régnait au-dessus de la voûte sur toute la longueur
de la nef, se retrouve dans la plupart des églises construites à cette époque,

ÉGLISE DE L'ORATOIRE

notamment à Aix chez les PP. Jésuites et chez les religieuses du 1ᵉʳ monastère de la Visitation, aujourd'hui les Ursulines.

Remarquons encore que le corps principal de la façade est heureusement relié aux bas-côtés par deux grandes consoles, d'un bel effet architectural, au bas desquelles s'élèvent deux grosses boules qui surmontent les pilastres d'angle.

Quant à l'intérieur de l'église de l'Oratoire, il répondait, comme nous l'avons fait pressentir, aux promesses de la façade. Voici ce qu'en dit notre excellent historien de Haitze :

« Dans l'église des PP. de l'Oratoire on voit un superbe et riche maître-autel à trois Faces, qui en occupe tout le fonds, et s'élève même jusque dans la voute, est tout de bois surdoré : Embely de figures d'Anges, les uns avec des Trompetes, les autres avec de Violons et autres Instrumens de Musique, assis ; d'autres débouts sur les Frontons et les Corniches, qui sont soûtenuës par trois rangs de Colomnes dont les entre-deux de celles du milieu sont remplies des statuës de S. Pierre et de S. Paul, qui sont les plus basses ; de S. Charles Borromée et de S. Philipes de Nery, qui sont les moyennes ; de la Sainte Vierge, et de l'Archange S. Gabriel, qui sont les plus hautes.

« L'ordre de l'Architecture est Corinthien, comme le plus propre à étaler les grandes Magnificences : Elle est embelie de six Tableaux, dont le principal qui est la Naissance du Sauveur ; et les deux des côtez, le Voyage des Mages et des Bergers, (qui semblent dire entr'eux, passons jusques à Bethléem), sont du célèbre Mignard d'Avignon, son nom fait assez ses éloges dans ses Ouvrages, où la mignardise et la délicatesse se font parfaitement admirer.

« La Voute qui est à croisillons est ornée des peintures de plusieurs Anges, de la Sainte Vierge, de S. Jean Baptiste, des Apostres, des Evangelistes, et de quelques autres Saints et Saintes.

« Une belle Galerie fermée de Balustres regne de deux côtez de cette Eglise, au-dessous de laquelle on voit de petites Chapelles avec de jolies cloisons de fer au-devant, où la propreté s'y fait admirer en tout temps. Il y en a même quelques-unes enrichies des Tableaux de l'illustre Monsieur Daret, qui sont celles de la Descente du Saint Esprit, de l'Ange Gardien et de Saint Ioseph, qui est à côté du Chœur.

« Dans celle de la Maison de Grimaldis Regusse, qui est oposée à celle-cy, de l'autre côté du Chœur, on voit un très beau Tableau de l'Annonciation, qui est une copie de Mignard, d'après un original qui est aux Chartreux de Ville-Neuve-lez-Avignon. Et bien que le Coloris de ce Tableau ne soit pas des plus voyantse les Carnations en sont pourtant très belles, et je ne pense pas qu'on en puisse trouver qui les surpassent, non pas même qui les égalent. Cet autel est tout de marbre de diverses couleurs, sur les portes duquel il y a les Armes de cette Famille, qui sont de Gueules, à quinze fusées d'argent.

« Dans la Basse-cour de cette Maison de l'Oratoire, on voit une petite Chapelle qu'on appelle de l'Association, dont les belles peintures qui l'embellissent sont aussi un de ces Ouvrages merveilleux de M. Daret. Le bruit de tant de merveilles qu'on y admire, et le nom de cet illustre peintre denote assez ce qu'il doit estre ; puisqu'il n'est jamais rien sorty de beau et d'achevé de cette main, de laquelle on disoit avec raison peindre d'un pinceau d'or. C'est pourquoy je crains que ma plume qui n'approche nullement de ce précieux métal, ne soit entièrement disproportionnée pour la description de tant de beautez que ce riche pinceau y a étalées.

« Le Tableau qui est à l'Autel est un ouvrage moderne assez beau, où il y a Iesus, Marie et Ioseph, dont le nom de l'Autheur ne m'est pas connu. Toutes les autres peintures sont de la sçavante main de M. Daret ; et ce nom, comme je viens de dire, est trop connu pour ne mettre aucun doute qu'il n'y aye plus de beautez que je n'en sçaurois décrire.

« Aux deux côtez de cet Autel il y a deux Niches, où dans l'une se voit un S. Joachim, et dans l'autre une sainte Anne en plate peinture.

« Au-dessus de la Banque regne tout autour en relief de bois doré, un ordre d'Architecture corinthe, porté par de Pilastres, où dans l'entre-deux sont de Niches avec des ornemens conformes à l'ordre qui les separe. Tous ces espaces sont remplis de Tableaux, dans lesquels (à cause de leur proportion étroite) il n'a peint que la figure d'un Saint ; mais qui sont toutes d'une si belle nature, et le choix qu'il en a fait en général et en particulier, si judicieux, qu'il ne se peut rien voir de mieux concerté : Car ces dix-neuf ou vingt Tableaux qu'il y a, representent une espece de Genealogie ou d'arrangement des principaux Parens, Amis ou Disciples de Nôtre Seigneur, qui fait bien voir que cet illustre Peintre entendoit parfaitement bien l'Histoire sacrée, et de quelle maniere il conduisoit toutes les entreprises qui estoient sur son soin. »

L'auteur continue ensuite une description des tableaux dont on a aujourd'hui
perdu la trace, à l'exception des deux représentant les Saints Evangélistes, qui
ornent la chapelle du Lycée actuel ; puis il termine sa description de la manière
suivante :

« Enfin cette Chapelle est la plus belle de la Ville, et la plus riche en peintures, et l'on peut dire asseurement, qu'elle est bien grande dans sa petitesse,
enfermant tant de beautez, qui ne se trouvent pas en si grande quantité en aucun autre endroit de la Ville, et qui rend cette Maison de l'Oratoire considérable,
non-seulement parce qu'elle est Chef d'une Congrégation si celebre, mais encore
qu'en possédant cette riche Chapelle, elle renferme tant de merveilles à la fois,
et un lieu très propre à recevoir les Habitants du Ciel.

« *Hospitibus superis dignissima sedes.* »

Il y avait aussi dans cette église une chaire à prêcher qui fort heureusement a
échappé au marteau des démolisseurs ; on peut la voir dans l'église de Puylou-
bier, dont elle est aujourd'hui la meilleure richesse ; elle a été donnée à cette pa-
roisse lors du rétablissement du culte, en dédommagement du vol d'une vierge
en argent commis pendant la tourmente révolutionnaire.

Sur les diverses faces du corps de la chaire, qui est très bien conservée, sont
représentés en relief la Vierge mère avec l'Enfant Jésus, S. Pierre, S. Paul,
S. Jean-Baptiste et S. Joseph ; dans le rétable, d'un côté la tête de Notre-
Seigneur, et de l'autre côté une tête d'ange ; enfin, au-dessous de l'abat-voix,
une colombe aux ailes déployées.

Nous regrettons sincèrement de ne pouvoir faire connaître le nom du sculp-
teur habile qui a travaillé le bois avec tant de talent. Son nom devrait être inscrit
en lettres d'or sur la chaire elle-même.

Imprimerie & Librairie
ACHILLE MAKAIRE
Rue Thiers, 2 — A AIX-EN-PROVENCE

EXTRAIT
DU CATALOGUE
DES
LIVRES DE FONDS

La Ligue en Provence (Mémoires pour servir à l'histoire de). 1 vol. in-8°: 6 fr.—Sur papier de Hollande: 10 fr.

Ce sont les mémoires de Bessudan contre Monsieur de Savoie. Les mémoires de Gaussel écrits pour Guillaume du Vair, premier président du Parlement de Provence et plus tard garde des sceaux du Royaume. Les mémoires de Cassignon qui se rattachent à son ambassade secrète auprès du Pape et le grand duc de Toscane.

La Fronde en Provence (Mémoires pour servir à l'histoire de). 1 vol. in-8°; 6 fr.—Sur papier de Hollande; 10 fr.

Ce sont les Mémoires du président de Régusse, ainsi que ceux de Jacques de Gaufridi qui sont riches en détails sur cette époque; ils sont précédés d'une notice sur ces deux personnages.

Ces deux ouvrages ont été publiés par la Société Historique de Provence.

P. Guichard. *Essai historique sur le Comtat dans la ville de Digne.* 2 vol. in-8°: 10 fr.

Le Comtat était une institution municipale provençale des XIIIe et XIVe siècles. Les Comtaux avaient été institués par les Comtes de Provence et d'abord, revêtus de fonctions spéciales ils avaient ensuite pris en mains les rênes de l'administration municipale, nommés plus tard syndics et enfin consuls, ils administraient encore au XVIe, XVIIe et XVIIIe siècles les communes de Provence et fiers de leur indépendance et des libertés dont elles jouissaient. C'est dans la ville de Digne où on a trouvé le plus de documents sur cette institution qui était la même dans toute la Provence.

L. Méry et F. Guindon. Histoire analytique et chronologique des actes et des délibérations du corps et du conseil de la Municipalité de Marseille depuis le Xe siècle jusqu'à nos jours. 8 vol. in-8°: 24 fr.
Extrait de la table des matières:

Tome premier. — Histoire: 1° Depuis la fondation de Marseille jusqu'à l'avènement des comtes de Provence (de l'an 600 av. J.-C. à l'an 926 de l'ère chrétienne); 2° de l'avènement des Bosons à l'extinction des Bérengers (926-1245).—Documents: Analyse par ordre chronologique des plus anciennes chartes de Marseille depuis l'extinction des Bérengers (876-1245).

Tome deuxième.—Histoire: De l'avènement de la première Maison d'Anjou jusqu'au chapitre de paix entre Marseille et le comte de Provence (1245-1257); — Documents: Liste des viguiers de Marseille; Statuts de Marseille tirés du « livre rouge » (1253); Livre premier des statuts (texte).

Tome troisième.—Documents: Livre premier des statuts (traduction); livre deuxième des statuts (texte).

Tome quatrième.—Documents: Livre deuxième des statuts (traduction analytique); Livres troisième, quatrième, cinquième, sixième (texte et traduction); Chapitre de paix (1257); Analyse du « Livre noir » (1348-1423).

Tome cinquième.—Histoire: Depuis le chapitre de la paix jusqu'en 1423.—Documents: Analyse par ordre alphabétique des documents municipaux relatifs principalement à la même période (1257-1423); Liste des administrateurs municipaux de Marseille de 1230 à 1456; Liste des préfets et secrétaires généraux depuis la suppression de l'administration départementale.

Tome sixième.—Histoire: Depuis 1423 jusqu'à la Révolution Française; Nomenclature des paroisses, villages, etc., de la commune de Marseille; Journal de la peste.

Tomes septième et huitième.—Cérémonial de Marseille pendant la période de 1660 à 1781: 1° Cérémonies relatives aux rois et aux princes, 1660 à 1784; 2° Cérémonies relatives à des personnages célèbres et événements divers, 1687 à 1758.

Les deux derniers volumes de cet ouvrage se vendent séparément avec le titre de *Cérémonial de la ville de Marseille, de l'année 1660 à 1781.* 1 vol.: 6 fr.

Fouquet Sobolin. *Histoire en forme de journal de ce qui s'est passé en Provence depuis l'année 1562 jusqu'en 1607,* par F. Sobolin. 1 vol. in-8° de 300 pages: 4 fr. 50

Reproduction d'un manuscrit très important de la Bibliothèque de Carpentras, dans lequel l'auteur, procureur au siège général d'Aix, raconte jour par jour tout ce qui se passe en Provence, principalement dans la ville d'Aix. Guerres, épidémies, orages, inondations, éclipses, comète, etc., notamment les ravages occasionnés par la peste de 1580.

Rouchon - Guignes. *Résumé de l'histoire de l'État et Comté souverain de Provence,* par E. C. Rouchon-Guignes, d'Aix-en-Provence. 2me édition précédée de l'éloge de l'auteur par M. Saudbreuil. 1 vol. in-8°: 6 fr.

Ouvrage formé en trois grandes divisions:
Livre Ier. Établissement politique antérieur à la fondation du comté de Provence;
Livre II. Comté de Provence depuis sa fondation jusqu'à sa réunion avec la France;
Livre III. Comté de Provence depuis l'union avec la France.

Louis de Laincel. *Des Troubadours aux Félibres.* Études sur la poésie provençale, par L. de Laincel. 1 vol. in-12: 3 fr. 50.
Extrait de la table:

Paris et la Provence; Coup d'œil sur la poésie provençale depuis son origine jusqu'à nos jours; Ballot, Bénédit et Roumanille; Les Félibres; Examen au point de vue philologique; Examen au point de vue moral; Mireio, par M. Mistral; Misogramo enrichodurbo, par M. Aubanel; Apologue historique; Paulo minoro canamus; Mile Reine Garde, Pierre Sénéclet, — Vieia canimu; Espagne et Provence; Troubadours provençaux; De la littérature actuelle en province; Ça qu'un autre aurait mis en guise de préface; Notes et appendices; Despourins; Goudouli et Malherbe; Influence de la langue romane du midi de la France.—Poèmes épiques provençaux; De l'imitation en provençal; Des onomatopées; De la littérature espagnole et de l'esprit chevaleresque; Portrait de Troubadour; Débuts de la littérature française.—Extraits des ouvrages de MM. Peignot, de Montalembert et Ludovic Lalanne; Tableau historique de la langue parlée dans le midi de la France, par M. Mary-Lafon; Les Troubadours et Pétrarque, par M. Gidel; De quelques imitations patoises des fables de Lafontaine, par M. E. Ruben.—Dioulouféu, Roumanille, Hyacinthe Morel, etc.: Épitaphes de Bellot; La Farandoulo, par M. Matthieu; Margarido, par M. Trusy; Dictionnaire de la langue d'oc, par M. Honorat; Bibliographie provençale contenant les noms de la plupart des poètes qui ont rimé en dialectes provençaux, classés par ville: Aix, Marseille, Avignon, Carpentras, Arles, Tarascon, Toulon et pays divers, ainsi que les livres composés d'œuvres collectives.

Louis de Bresc. *Armorial des Communes de Provence* ou Dictionnaire géographique et historique des villes et villages des Bouches-du-Rhône, Var, Basses-Alpes, Vaucluse et des Alpes-Maritimes, par L. de Bresc. 1 vol. grand in-8°, orné de 600 blasons: 20 fr. — Extrait de la table:

Introduction—Origine des armoiries en Provence: Les Croisades; Affranchissement des communes; Louis XIV et l'Édit de 1696; D'Hozier et le Grand Armorial de France; Suppression des armoiries en 1789; Leur rétablissement; Décrets, ordonnances et circulaires ministérielles à ce sujet.
Aperçu géographique et historique sur la Provence—La Provence sous les Gaulois; Sous les Romains; Visigoths et Ostrogoths; Mérovingiens et Carlovingiens; Empereurs d'Allemagne; Comtes de Provence: maison de Boson, de Barcelone, d'Anjou; René le bon et Charles du Maine; Réunion de la Provence à la France, division territoriale; Administration municipale et judiciaire.
Notions élémentaires du Blason nécessaires pour l'intelligence du texte.
Abrégé de la science du Blason mis en vers par le P. Ménétrier.
Note explicative au sujet de l'Armorial des villes et villages de Provence.
Armorial des Villes et Villages de Provence.
Ornements extérieurs de l'écu. — Des couronnes murales et des devises.
Procédure et droits reçus sur les demandes en concession ou en renouvellement d'armoiries municipales.
Communes de Provence qui ne figurent pas dans l'Armorial.—Général de France.
Additions et Corrections. Pièces justificatives.

Amable Colomb. *Une gloire provençale, le B. André Abellon, dominicain.* Notice sur sa vie et dissertation sur son culte, par A. Colomb. In-8°: 2 fr. — Sur papier de Hollande: 5 fr.

Abellon, religieux dominicain, était très connu par ses prédications: lors de la peste, en 1448, les moyens hygiéniques étant vains, la population se tourna vers la prière et elle alla supplier Abellon de venir apporter les consolations de la Religion dans une ville qui était dans la désolation.
Abellon arriva dans Aix à la fin du mois de juillet et commença immédiatement le cours de ses instructions, et si le fléau ne ralentit pas tout à coup sa marche funèbre, la population vit du moins calmer insensiblement sa désolation et son désespoir.—La tranquillité morale pouvant seule apporter une digue salutaire à l'aggravation du mal, et c'est ce qui arriva. La présence d'Abellon fit descendre la résignation dans les cœurs.

C'est la vie entière de ce bienheureux dominicain qui se trouve dans cet ouvrage.

www.ingramcontent.com/pod-product-compliance
Lightning Source LLC
Chambersburg PA
CBHW060717280326
41933CB00012B/2464